100 ffordd i Adeiladu Byd Gwell™

Gan
Helen Murray

Addasiad
Catrin Wyn Lewis

Cynnwys

Cyflwyniad

Teimla gyffro wrth gael dy ysbrydoli i newid y byd – a bod yn greadigol gyda dy friciau LEGO®. Mae hyd yn oed newid bach a gweithred garedig, syml yn gallu gwneud byd o wahaniaeth.

Dere i ddarganfod 100 ffordd i fod yn ddewr, chwilfrydig, a charedig – i ti dy hun, dy gymuned, ac i'r blaned. Cei di ddarllen y llyfr hwn o glawr i glawr, dewis syniadau ar hap, neu weld os wyt ti'n gallu cwblhau'r rhestr wirio ar dudalen 90! Estyn am dy friciau LEGO a bydd yn barod i adeiladu byd lliwgar a llawen!

O HEDYN BACH Y DAW POB MAWREDD.

GALL NEWID BACH WNEUD BYD O WAHANIAETH.

Beth wnei di heddiw?

Sut mae newid y byd? Mae'n anodd gwybod ble i ddechrau! Efallai bydd gofyn y cwestiynau yma i ti dy hun yn helpu.

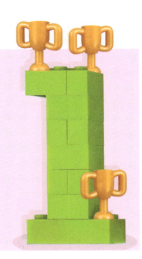

Ffrind
Gwna i dy ffrind wenu:
8 Gwneud i rywun chwerthin (t.16);
40 Camu i'w hesgidiau (t.44);
70 Cefnogi eraill (t.68).

Pwy sydd angen cariad heddiw?

Fy nheulu
Rho sypréis iddyn nhw: **78** Rhoi trît bach (t.74); **24** Cynnal noson wobrwyo (t.31); **83** Rhoi anrheg arbennig (t.77).

Cymydog
Bydd yn enfys ar ddiwrnod du: **6** Rhoi cerdyn diolch (t.15); **67** Bod yn gymydog da (t.66); **99** Lledaenu llawenydd (t.89).

Cyd-ddisgybl
Bydd yn garedig yn dy ddosbarth: **13** Rhannu dy sgiliau (t.20); **30** Helpu rhywun (t.36); **38** Croesawu pawb (t.43).

Ble alla i helpu heddiw?

Yn y cartref
Gwna un o'r rhain:
28 Helpu yn y tŷ (t.34);
44 Bod yn gogydd (t.47); **50** Dweud stori LEGO® (t.52).

Fi!
Edrych ar ôl dy hun: **58** Cysgu'n dawel (t.58); (p58); **90** Dathlu'r pethau bach (t.82); **94** Anadlu! (t.85).

Anifeiliaid
Sut y galli di helpu:
9 Gwarchod anifeiliaid (t.17); **37** Bod yn gyfeillgar i'r gwenyn (t.42); **95** Bod yn garedig wrth greaduriaid (t.86).

Yn yr ysgol
Rho gynnig ar un o'r rhain: **3** Lledu positifrwydd (t.13); **60** Ffurfio clwb (t.60); **82** Gwirfoddoli yn yr ysgol (t.76).

Yn y gymuned
Beth am drio rhain? **46** Chwilio am enfys (t.49); **57** Dod yn ffrind i'r henoed (t.58); **75** Ffurfio 'llyfrgell o bethau' (t.72).

Y byd i gyd
Beth am ddechrau fan hyn? **51** Bydd wych ac ailgylcha (t.53); **35** Diffodd y golau (t.40); **96** Derbyn her y gawod (t.87).

Beth wnei di heddiw?

Symud dy gorff
Chwysu chwartiau:
4 1, 2, 3 tyfu … ! (t.14);
18 3, 2, 1 … rasio! (t.25);
47 Bod yn rhan o dîm (t.50).

Rho gynnig ar her mewn tîm

Pam lai!
Eisiau adeiladu gyda ffrindiau? Beth am drio un o'r rhain? **32** Dechrau cadwyn creadigrwydd (t.37); **36** Datrys y pos (t.41); **63** Adeiladu ar y cyd (t.62).

Dim heddiw!
Ar ben dy hun? Rho gynnig ar weithgareddau fel hyn:
19 Chwilio am y chwilod (t.26);
45 Dathlu ti dy hun! (t.48);
73 Canolbwyntio (t.71).

Dysgu rhywbeth newydd
Rho gynnig ar y pethau hyn:
62 Dathlu arwyr (t.61);
85 Ffurfio clwb llyfrau (t.79);
87 Darganfod y byd (t.80).

Bod yn greadigol
Derbyn her:
17 Dod yn arwr gwastraff bwyd (t.24); **33** Edrych i'r camera (t.38); **54** Dathlu dy filltir sgwâr (t.55).

Bod yn ddramatig
Gwneud perfformiad penigamp:
23 Canu nerth dy galon (t.30); **43** Rhoi sglein ar dy ysgol (t.46).

Sut mae'r tywydd?

Diflas!
Aros yn y tŷ a rhoi cynnig ar her newydd: **15** Creu gêm deulu (t.22); **21** Dysgu am dy hanes (t.29); **80** Newyddion da (t.75).

Rhoi trefn ar bopeth
Derbyn sialens i roi siâp ar bethau:
10 Dod yn dacluswr o fri (t.18);
20 Ailgartrefu hen deganau (t.28);
42 Ffeirio! (t.45).

Bendigedig!
Dos am y drws: **12** Troi'n arwr casglu sbwriel (t.20); **77** Awyr iach! (t.73); **84** Cwrdd â'r creaduriaid (t.78).

Neu beth am drio rhywbeth hollol wahanol?

Beth am un o'r rhain?
7 Cynilo'r ceiniogau (t.16)
25 Antur anifeiliaid anwes (t.32)
97 Agor dy lygaid (t.87).

Cynnig cwtsh

Pan mae rhywun yn dy deulu yn teimlo'n drist neu'n ddiflas, dangosa eu bod nhw'n bwysig i ti, a rho gwtsh iddyn nhw! Mae'n ffordd gyflym, rhad ac am ddim, o wneud i ti deimlo'n well – mae hyd yn oed gwyddonwyr yn cytuno! Rho gwtsh i rywun sydd ei angen – gwnaiff les i ti hefyd.

O, DERE 'MA!

Ffeindio ffrind

Beth am geisio dod o hyd i hen ffrind? Efallai eich bod yn mynd i ysgolion gwahanol, neu wedi symud i ffwrdd. Os oes pellter rhyngoch, beth am ysgrifennu llythyr? Gallech fod yn gyfeillion llythyru? Gall fod yn hwyl rhannu newyddion a straeon am eich bywydau.

MAE HI WEDI OERI!

MAE'N BOETH FAN HYN!

Lledu positifrwydd

Gwna i'r haul ddisgleirio pob dydd wrth wneud 'bocs diolch' ar gyfer dy ysgol neu dy gartref. Bydd hi'n hwyl adeiladu dy focs LEGO® gyda ffrindiau. Ar ddarn o bapur, ysgrifennwch un neu ddau beth yr ydych chi'n ddiolchgar amdanyn nhw pob dydd, a'u postio yn y bocs. Dewiswch bapur yr un, a darllenwch nhw'n uchel, yn eich tro, er mwyn lledu positifrwydd pob dydd.

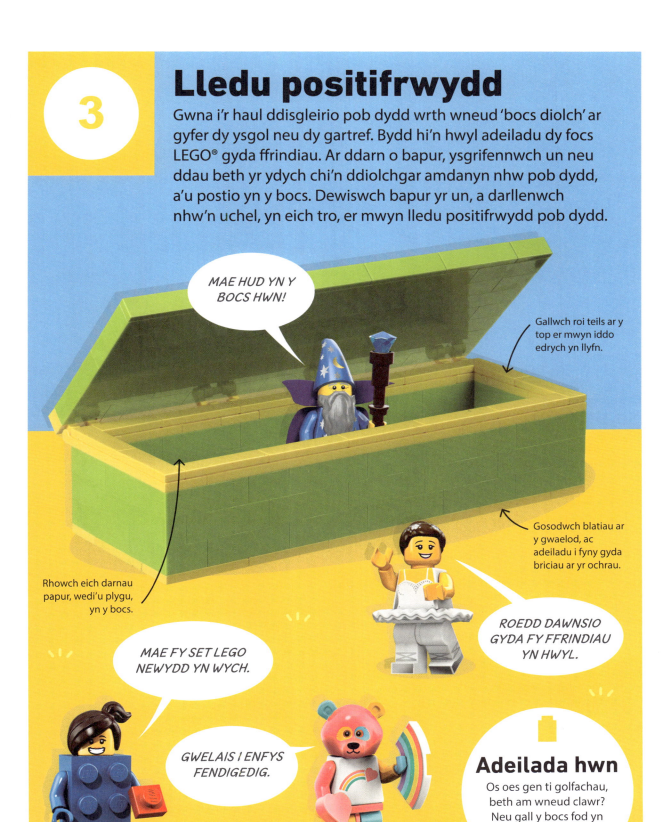

MAE HUD YN Y BOCS HWN!

Gallwch roi teils ar y top er mwyn iddo edrych yn llyfn.

Gosodwch blatiau ar y gwaelod, ac adeiladu i fyny gyda briciau ar yr ochrau.

Rhowch eich darnau papur, wedi'u plygu, yn y bocs.

MAE FY SET LEGO NEWYDD YN WYCH.

ROEDD DAWNSIO GYDA FY FFRINDIAU YN HWYL.

GWELAIS I ENFYS FENDIGEDIG.

Adeilada hwn

Os oes gen ti golfachau, beth am wneud clawr? Neu gall y bocs fod yn agored.

1, 2, 3, tyfu ... !

Chwilia am grwpiau gwirfoddoli yn dy ardal lle galli di helpu i blannu coeden mewn parc neu goedwig leol. Mae coed yn helpu i ymsugno llygredd ac yn puro'r aer. Beth am ddechrau trwy adeiladu coeden hwyl LEGO yn gyntaf?

Mae bariau yn cysylltu'r darnau dail â'r platiau crwn

Weli di'r donyts a'r cŵn poeth yn tyfu ar y canghennau?

Adeiladu hwn

Gall unrhyw beth dyfu ar dy goeden LEGO! Bananas, afalau – neu beth am gŵn poeth, donyts neu gorynnod, hyd yn oed!

COEDEN GŴN POETH! FY FFEFRYN!

DERE MLAEN, CACTWS ... RHO HELP LLAW!

OND DOES GEN I DDIM LLAW I DDAL RHAW!

5

Symud dy gorff!

Galli di helpu i leihau llygredd drwy gerdded neu feicio, yn hytrach na mynd mewn car. Efallai y gweli di anifail diddorol ar dy daith!

GWIIIIIIIICH!

AM HUNLLEF!

Mae'r olwynion yn cysylltu i'r echel, sy'n eistedd mewn bricsen â thwll.

6

Rhoi cerdyn diolch

Rho wên ar wyneb rhywun heddiw a dwed diolch wrth gymydog, gyrrwr bws neu athro. Adeilada gerdyn LEGO a'i addurno, a chofia gynnwys neges fach hefyd.

DIOLCH O GALON!

Adeiladu hwn
Beth am bersonoli dy gerdyn gyda siapiau blodau, calonnau neu wynebau hapus?

Cynilo'r ceiniogau

Adeilada gadw-mi-gei LEGO a dysga sut i gynilo. Gwell fyth, adeilada dri ohonyn nhw! Un ar gyfer gwario, un er mwyn cynilo, ac un i ti rannu – pryna anrheg neu drît i rywun arbennig.

7

Gwna'n siŵr bod yr hollt yn ddigon mawr iti roi dy arian

SOCH SOCH!

Adeilada hwn

Gall dy gadw-mi-gei fod yn unrhyw siâp, ond mae angen pant yn canol, a hollt ar y top fel y gelli ei lenwi ag arian!

Bricsen â dau dwll ar gyfer y trwyn

Gwneud i rywun chwerthin

Mae gwneud i rywun chwerthin yn fater difrifol! Bydd yn greadigol wrth greu jôc neu ddwy dy hun, neu dysga dy hoff rai ar dy gof, er mwyn codi calon dy deulu a ffrindiau. Byddi di'n siŵr o fod yn dy ddyblau hefyd!

8

ACHOS DOES DIM BYD YN MYND O DAN EI GROEN!

PAM BOD Y SGERBWD WASTAD YN HAPUS?

Gwarchod anifeiliaid

Dysga fwy am anifeiliad prin wrth ddarllen llyfrau neu archwilio'r we. Beth am adeiladu anifail gyda briciau LEGO a rhannu beth wyt ti'n ei wybod gyda dy ddosbarth? Wrth i ni ddeall mwy amdanyn nhw, fe allwn ni eu helpu.

Beth mae dy anifail yn hoffi'i fwyta?

Adeilada hwn

Meddylia am eu nodweddion diddorol; fel lliwiau'r panda, corn y rhino a streipiau'r teigr.

DWI DDIM EISIAU AROS I SWPER!

Edrycha am ddarnau addas allai fod yn llygaid, dannedd a rhannau eraill o'r corff

Mae darn côn LEGO yn union fel corn rhino!

Dod yn dacluswr o fri

"Taclusa dy stafell!" Oes yna waith sy'n waeth? Cofia, gall fod yn hwyl hefyd! Beth am chwarae cerddoriaeth, rasio yn erbyn y cloc, neu ddefnyddio dy friciau LEGO i dy helpu? Beth alli di ei waredu neu ei glirio? Rho gynnig ar adeiladu pot pensiliau er mwyn roi trefn ar dy ddesg. Beth arall alli di ei greu?

Adeilada hwn

Meddylia am beth sydd angen ffitio yn dy drefnydd desg. Yna ystyria liwiau neu thema hwyl.

Weli di ddarn addas gallai edrych fel pot – fel y gasgen hon?

Plât bas i gadw popeth yn sefydlog

BARTI DDU YDW I! AM STAFELL DACLUS SYDD GEN TI.

Cynffon hir i ddal pensiliau tal

Gall creadur chwedlonol fod yn unrhyw siâp neu liw!

Dathlu bod yn wahanol

Mae pawb mor wahanol, ac mae hynny'n wych! Oni fyddai'r byd yn lle diflas iawn petai pawb yr un peth? Cer amdani a chreu modelau o dy ffrindiau gan ddefnyddio'r ffigyrau LEGO bach; ac fe allen nhw greu model ohonot ti! Meddylia beth sy'n debyg neu'n wahanol amdanoch. Yn aml, rydym yn caru pobl am eu bod nhw mor wahanol i ni.

MAE DY LYGAD MOR HARDD.

DY FWSTÁS YW'R GORAU WELAIS I ERIOED.

Gall y ffigyrau bach edrych fel dy ffrindiau, neu ddangos eu personoliaeth mewn rhyw ffordd.

DWI WRTH FY MODD Â DY ADENYDD.

MAE GEN TI LAIS FEL ANGEL!

Troi'n arwr casglu sbwriel

Rho help llaw yn dy ardal leol a'i gwneud yn lle prydferthach i fyw. Mae grwpiau cymunedol yn aml yn trefnu dyddiau 'glanhau', er mwyn tacluso parciau neu fannau cyhoeddus eraill. Gwisg dy fenig, a mentra allan i glirio gyda'r teulu.

Defnyddia fin ailgylchu os yw'n addas

MAE HYN YN DEIMLAD DA!

Rhannu dy sgiliau

Oes gen ti ddawn am ddawnsio? Wyt ti'n giamstar ar y gitâr neu'n arwr adeiladu LEGO? Beth am rannu dy sgiliau gyda ffrind? Gallwch rannu tips LEGO defnyddiol hefyd, fel sut i adeiladu gerddi bach neu balmentydd.

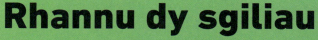

Blodau wedi'u cysylltu i'r briciau gyda stydiau ochr

Adeilada hwn

Wrth greu palmentydd bydd angen creu arwyneb fflat wrth osod y briciau i lawr gyda'r stydiau ar y cefn, nid ar y pen.

Teils yn cuddio'r stydiau ar ymyl y teras

14 Bwyta enfys

Mae ffrwythau a llysiau yn llawn fitaminau a mineralau sy'n ein cadw ni'n iach ac yn gryf. Mae angen o leiaf bum darn arnom pob dydd. Rho gynnig ar adeiladu cnwd sylweddol o lysiau a ffrwythau LEGO, ac yna, efallai, y byddi di awydd tyfu rhai dy hun!

Adeilada hwn

Meddylia am deimlad y ffrwyth, yn ogystal â'r lliw a'r siâp, fel croen cras yr afocado.

Mae'r stydiau'n debyg i groen gellygen

Gwna ddail y foronen â llwyn pigog

Dim ond ambell fricsen sydd ei hangen i greu madarch LEGO

Mae gan bupur hir ben gwyrdd

AM GLAMP O FANANA!

DIOLCH! DWI'N BROWD IAWN O'R FORONEN HON HEFYD!

Creu gêm deulu

Mae fwy i amser teulu nag eistedd o flaen y teledu gyda'ch gilydd. Gallwch rannu hwyl a sbri gyda gêm fwrdd LEGO. Adeiladwch gwrs, dewiswch fan cychwyn a gorffen, a lluniwch reolau pendant. Dewiswch ffigwr LEGO bach ar gyfer pob aelod o'r teulu, ac i ffwrdd â chi!

15

MAE HYN YN EDRYCH YN HWYL! GA' I CHWARAE?

Adeilada hwn

Bydd angen cynnwys ambell deilsen arbennig. Glania ar deilsen lwcus a chael tro arall. Glania ar deilsen anlwcus a cher yn ôl dri cham.

Beth am gynnwys pethau cŵl fel palmwydden ar ynys drysor? →

NAAA, DWI'N COLLI!

22

Gwneud ffrind newydd

Mae'n naturiol i deimlo'n ofnus wrth ddechrau mewn ysgol newydd neu ymuno â chlwb. Os wyt ti'n sylwi ar rywun newydd, cofia roi croeso cynnes iddyn nhw. Dechreua sgwrs er mwyn gwneud iddyn nhw deimlo'n gartrefol. Efallai y bydd sawl peth gyda chi yn gyffredin!

WAW! RY'CH CHI I GYD YN HOFFI LEGO, FEL FI!

UN CAM YN NES AT Y TRYSOR!

Teilsen 'anlwcus' gyda phenglog a chroesbren arni

Bydd angen dod o hyd i ddis o gêm arall

Dod yn arwr gwastraff bwyd

"Gwion Gwastraff ydw i, a fy neges i yw hyn: Does neb i wastraffu bwyd yn y gegin hon!" Adeilada dy arwr gwastraff bwyd dy hun er mwyn atgoffa dy deulu i beidio â thaflu bwyd. Ystyria'r holl ffyrdd y gallet ti wastraffu llai. Beth am ddefnyddio ffrwythau aeddfed mewn cacen neu bastai, rhoi llysiau ychwanegol mewn cawl, a throi sbarion yn bryd go iawn?

Adeilada hwn

Pa offer a pha wisg fydd gan dy arwr di? Beth am drio creu clogyn?

AR EICH MARCIAU, BAROD, BWYTWCH!

Selsigen fel ceg yn gwenu!

Llaw wedi'i gwneud o friciau gyda stydiau ochr, er mwyn rhoi'r fforc yn sownd wrthi

3, 2, 1 ... rasio!

Does dim rhaid i ti gymryd rhan mewn chwaraeon i fod yn heini. Dewis dy hoff gân a dawnsia, cer i'r parc, neu beth am roi cynnig ar chwarae'r ras adeiladu LEGO gyda ffrind? Mae ymarfer corff yn gwneud byd o les; gall roi egni newydd i ni, ein helpu ni i gysgu, a'n gwneud ni'n hapusach. Cer amdani!

DWI'N HEDFAN AT Y LLINELL DERFYN.

DWI'N CHWYSU!

Ras LEGO

1. Rho bentwr o friciau LEGO yng nghanol y stafell, ac yna cer i sefyll yn erbyn y wal. Bydd angen i dy ffrind sefyll wrth y wal gyferbyn, ar ochr arall y stafell. Gwna'n siŵr bod y llwybr o'ch blaen yn glir!

2. Amsera 3 munud ar y cloc. Rhedwch i'r pentwr o friciau, dewis bricsen ac yna rhedeg yn ôl i'r man cychwyn, gan roi'r fricsen i lawr.

3. Rhedwch yn ôl ac ymlaen i'r pentwr, gan gymryd bricsen pob tro, a'u rhoi ar ben ei gilydd. Yr enillydd fydd y person â'r tŵr talaf pan fydd y 3 munud ar ben!

Chwarae hwn

Beth am adeiladu tŵr LEGO gan redeg a rasio yr un pryd? Nod y gêm fywiog hon yw gweld pwy all greu'r tŵr talaf.

Chwilio am y chwilod

Bydd yn dditectif byd natur a mentra i'r parc neu'r coetir lleol i ddarganfod mwy am y trychfilod sy'n byw yno. Mae llawer o greaduriaid bach yn hoffi byw mewn mannau tywyll a llaith. Cymer bip o dan foncyff neu garreg, sbecia i mewn i hollt mewn wal neu risgl, neu sylla drwy'r glaswellt hir. Pan wyt ti 'nôl gartref, beth am adeiladu trychfilod LEGO?

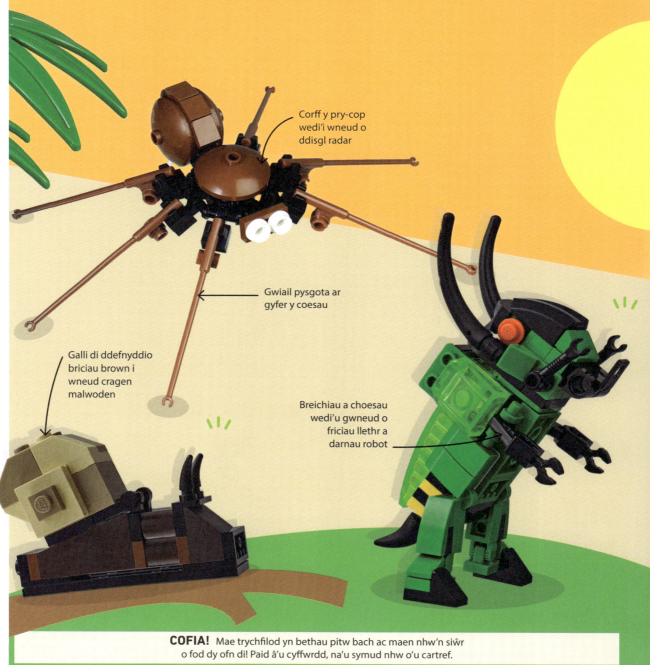

Corff y pry-cop wedi'i wneud o ddisgl radar

Gwiail pysgota ar gyfer y coesau

Galli di ddefnyddio briciau brown i wneud cragen malwoden

Breichiau a choesau wedi'u gwneud o friciau llethr a darnau robot

COFIA! Mae trychfilod yn bethau pitw bach ac maen nhw'n siŵr o fod dy ofn di! Paid â'u cyffwrdd, na'u symud nhw o'u cartref.

Gall darnau cynffon gwyrdd fod yn goesau gwych i sioncyn y gwair

Defnyddia ddarnau gwyrdd hir, tryloyw ar gyfer adenydd gwas y neidr

Adeilada hwn

Chwilia am ddarnau anarferol all fod yn deimlyddion, coesau neu gregyn. Cadw at y lliwiau traddodiadol – neu bydd yn greadigol!

Gwna deimlyddion i'r chwilen gyda darnau du fel hyn

MAEN NHW'N FWY NAG Y FEDDYLIAIS I!

27

Ailgartrefu hen deganau

Oes gen ti deganau nad wyt ti'n chwarae gyda nhw bellach? Rho nhw i dy ffrindiau neu i gymdogion iau. Cofia lanhau'r teganau, a gwneud yn siŵr nad oes darnau ar goll. Mae'n gallu bod yn anodd ffarwelio â hen deganau, ond bydd eu rhoi nhw i rywun arall i'w mwynhau yn gwneud i ti deimlo'n dda.

DYMA OEDD FY HOFF DEGAN PAN O'N I'N ROBOT BACH.

BYDDI DI WRTH DY FODD Â FY HEN DEGANAU.

Dysgu am dy hanes

Beth am siarad gydag aelod hŷn o'r teulu am hanes dy deulu? Rwyt ti'n siŵr o ddysgu llawer o bethau diddorol! Adeilada goeden deulu LEGO®, gan gynnwys dy fam-gu a thad-cu, nain, taid, chwaer, brawd, anti, wncwl – a ti dy hun, wrth gwrs!

AHOI, BOIS BACH!

Mam-gu a Thad-cu ar y lefel uchaf

Platiau hir wedi'u gosod rhwng briciau yn y boncyff yw'r canghennau

Galli di gynnwys anifail anwes hefyd!

Adeilada hwn

Dechrau gyda dy frawd/chwaer, neu gefndryd ar y gwaelod, a rho dy berthnasau hŷn ar y brig

Gallai'r ffigyrau bach edrych yn debyg i aelodau'r teulu, neu gynrychioli eu personoliaeth, swydd, neu hobi

29

Caru dy hun

Cofia – rwyt ti'n arbennig! Adeilada galon LEGO i ddangos ychydig o gariad atat ti dy hun. Rho hi ar dy silff er mwyn atgoffa dy hun dy fod ti'n fwy na digon fel yr wyt ti. Dewis unrhyw liw, neu gyfuniad o liwiau ar gyfer dy galon LEGO.

Bydd briciau llethr yn ffurfio'r gwaelod

Rho lygaid a cheg i'w gwneud hi'n giwt!

Adeilada hwn
Defnyddia friciau crwm er mwyn creu corneli crwn, neu ddewis effaith mwy sgwâr.

Mae teils pinc ar ben dwy haenen o blatiau coch yma

Canu nerth dy galon

La la la la la la la! Mae sawl rheswm pam fod canu'n ein gwneud ni'n hapus. Mae'n rhyddhau cemegion pleserus yn yr ymenydd sy'n rhoi egni newydd i ni. Beth am ganu gyda ffrindiau neu gymdogion, neu ymuno â grwp? Neu, fe alli di fod yn hynod greadigol a chyfansoddi caneuon dy hun!

"JOIO BYW!"

Cynnal noson wobrwyo

"Boneddigion a boneddigesau, cyflwynydd y noson yw ... fi!" Dathla'r holl bethau bendigedig am dy deulu a ffrindiau drwy gynnal seremoni wobrwyo. Bydd clywed pam dy fod di'n meddwl eu bod nhw mor anhygoel yn siŵr o lonni eu byd. A wnei di roi gwobr i'r un sy'n rhoi'r cwtsh gorau, y ffrind sy'n gwneud i ti chwerthin o hyd, neu'r person sy'n dda am drefnu pob peth? Beth am adeiladu tlysau er mwyn gwobrwyo'r goreuon mewn ffordd arbennig iawn?

Adeilada hwn

Adeilada dwy fraich gryf er mwyn codi'r tlws yn fuddugoliaethus.

ENILLYDD GWOBR Y CRËWR TLYSAU LEGO GORAU YW ...

Rho fanion personol i bob un

Bricsen siâp cromen swanc

Gwna'n siŵr fod gan y tlws sylfaen gadarn

Antur anifeiliaid anwes

Adeilada anifail anwes LEGO. Gall fod yn gath, yn hwyaden, yn eliffant – neu'n êliyn, hyd yn oed! Dewis enw a rho gyfle i ffrind, cyd-ddisgybl neu aelod o dy deulu i ofalu amdano neu fynd ag ef am antur! Ble ewch chi? Am dro, i'r parc, am bicnic? Ar ôl ychydig ddyddiau fe alli di rannu'r hanesion gyda theulu a ffrindiau.

Adeilada hwn

Chwilia am ddarnau anarferol yn dy gasgliad LEGO, a gad i hyn dy ysbrydoli i greu rhywbeth hollol wreiddiol.

CWAC!

Coesau'r êliyn yn cysylltu gyda modrwy â rhannau bar

Briciau llethr oren yw traed a phig yr hwyaden

Dewis unrhyw liw ar gyfer dy anifail!

Mae darnau cynffon yn gwneud ysgithrau gwych

COFIA DYNNU LLUNIAU!

Rhannu!

26

Mae'n rhannu'n bwysig. Bydd yn garedig wrth ffrind, neu dy frawd neu chwaer, a rhanna snac neu degan gyda nhw. Mae'n eithaf posibl y gwnawn nhw dalu'r ffafr yn ôl, a rhannu rhywbeth gyda ti!

Bod yn garedig ar-lein

27

Cofia drin pobl pan fyddi di ar-lein yn union fel petaen nhw'n sefyll o dy flaen. Bydd negeseuon, emojis a sylwadau positif yn rhoi hwb i dy ffrindiau. Cadw at y rheolau e-ddiogelwch bob amser, a dwed wrth oedolyn yn syth os wyt ti'n poeni am unrhyw beth rwyt ti wedi'i weld ar-lein.

Helpu yn y tŷ

Efallai bod gwaith tŷ yn ddiflas ond mae'n hanfodol! Dyw e ddim yn deg bod oedolion yn gwneud yr holl dasgau, felly beth am drafod gyda nhw a holi beth alli di wneud i helpu? Bydd creu siart tasgau LEGO yn hwyl ac yn help i gadw trefn ar y gwaith.

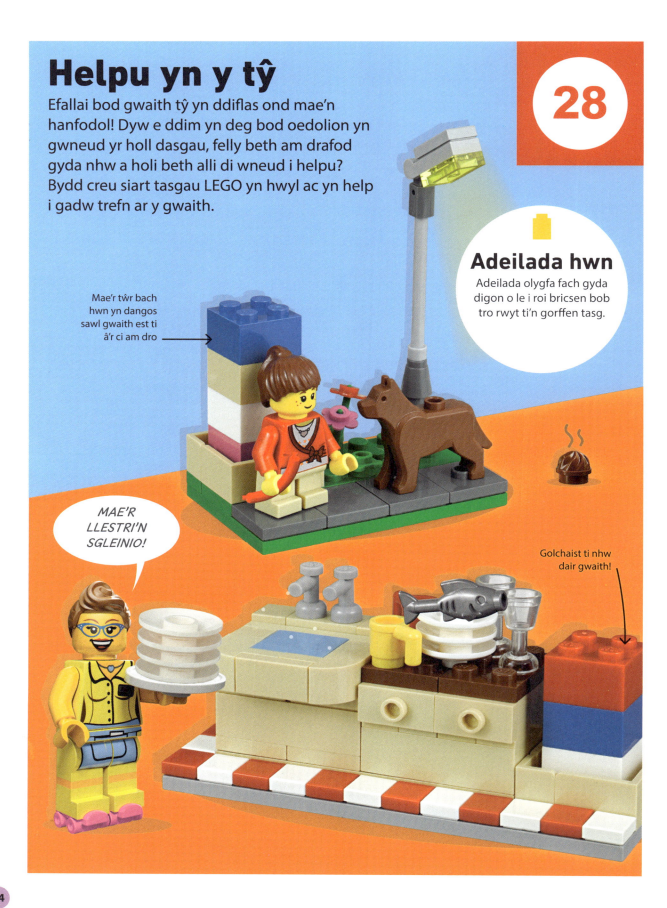

Adeilada hwn

Adeilada olygfa fach gyda digon o le i roi bricsen bob tro rwyt ti'n gorffen tasg.

Mae'r tŵr bach hwn yn dangos sawl gwaith est ti â'r ci am dro

MAE'R LLESTRI'N SGLEINIO!

Golchaist ti nhw dair gwaith!

Pen-blwydd Hapus!

Weithiau bydd pen-blwydd oedolyn yn mynd a dod heb lawer o ffws! Rho ben-blwydd a hanner i rywun sy'n bwysig i ti, drwy roi cacen LEGO iddyn nhw. Am syrpréis – ond paid anghofio'r gannwyll!

SYRPRÉIIIIIS!

SUT EST TI I MEWN I FAN'NA?

Darn fflam ar ben y gannwyll

Eisin porffor

Addurn eisin troellog

Adeilada hwn

Bydd platiau lliw amrywiol ar ben y gacen yn edrych fel eisin. Ychwanega sawl haen, ac addurniadau gwahanol i greu argraff!

Helpu rhywun

Wyt ti'n gweld gwyddoniaeth yn hawdd neu wyt ti'n athrylith wrth arlunio? Os wyt ti'n dda am wneud rhywbeth yn yr ysgol, beth am gynnig helpu ffrind sy'n llai hyderus? Paid â gwneud y gwaith ar ei ran, ond rhanna dy syniadau, a thrafod sut y gwnest ti lwyddo i ddatrys problem neu gwblhau tasg.

MAE HWN YN ANODD!

BETH AM DDEFNYDDIO PENSIL LLAI?

Cynnig dy sedd

Dangos dy fod yn meddwl am eraill wrth gynnig dy sedd. Pan wyt ti ar fws neu drên, edrych i weld a oes rhywun angen eistedd. Gall fod yn hen berson, rhywun bregus, menyw feichiog, neu berson gyda babi neu blentyn bach. Byddan nhw'n siŵr o werthfawrogi dy gynnig.

HOFFECH CHI EISTEDD?

HOFFWN, WIR! DIOLCH, BACH!

32

Dechrau cadwyn creadigrwydd

Rho hwb i greadigrwydd dy ffrindiau. Y peth gorau am y gêm hon yw nad oes rheolau! Pa greadigaethau gwych allwch chi eu creu gyda'ch gilydd? Ar ôl i chi orffen, trafodwch beth allai'r creadigaethau fod – gorau oll os ydyn nhw braidd yn boncyrs!

Chwarae hwn

Y cyfan sydd angen i ddechrau cadwyn creadigrwydd yw pentwr mawr o friciau LEGO, ffrindiau, a dyfais i'ch amseru.

Mae'r chwaraewr cyntaf yn dewis 10 bricsen i adeiladu car

Mae'r chwaraewr nesaf yn ychwanegu 10 bricsen arall

FI YW ROBO-GAR-GI!

Mae'r trydydd chwaraewr yn troi'r cyrn yn freichiau ac yn ychwanegu pen a chynffon

Cadwyn creadigrwydd

1. Eisteddwch wrth bentwr o friciau LEGO. Rhowch 1 funud ar y cloc. Pawb i ddewis 10 bricsen LEGO, yna dechrau adeiladu.

2. Ar ôl 1 funud, rhaid i bawb basio'r model i'r person ar y dde. Rhowch 1 funud ar y cloc eto. Pawb i ddewis 10 bricsen arall a'u hychwanegu at y model sydd o'ch blaen.

3. Bydd angen cwblhau Cam 1 a 2 eto tan fod pawb wedi ychwanegu briciau i bob model.

4. Edmygwch eich holl greadigaethau gwreiddiol!

Edrych i'r camera

Gall edrych ar lun o dy deulu neu dy ffrindiau wneud i ti deimlo'n hapus. Cymer lun neu chwilia am hen ffefryn. Gofyn i oedolyn i dy helpu i argraffu'r llun, yna adeilada ffrâm llun LEGO i'w roi wrth dy wely.

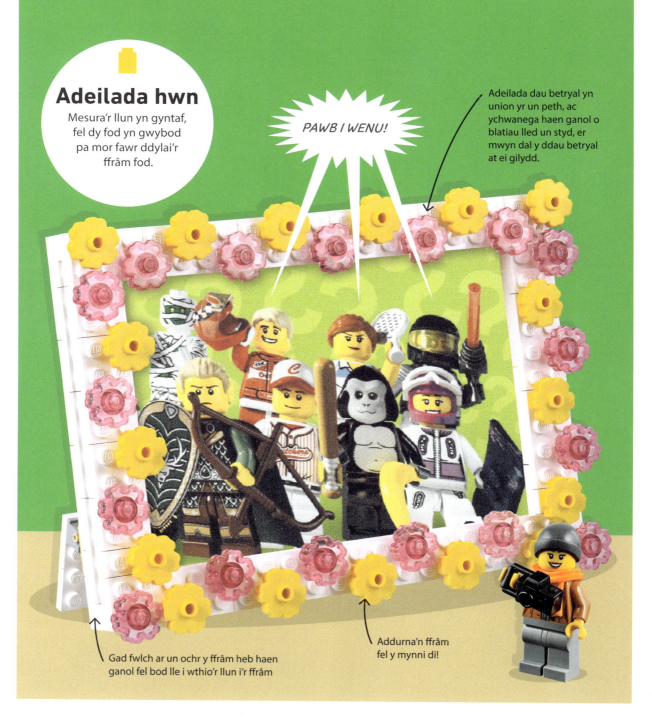

Adeilada hwn

Mesura'r llun yn gyntaf, fel dy fod yn gwybod pa mor fawr ddylai'r ffrâm fod.

PAWB I WENU!

Adeilada dau betryal yn union yr un peth, ac ychwanega haen ganol o blatiau lled un styd, er mwyn dal y ddau betryal at ei gilydd.

Gad fwlch ar un ochr y ffrâm heb haen ganol fel bod lle i wthio'r llun i'r ffrâm

Addurna'n ffrâm fel y mynni di!

Creu newyddion

Oes yna rywbeth yr wyt ti'n teimlo'n angerddol amdano? Nid pawb fydd yn rhannu dy frwdrydedd, ond efallai yr hoffen nhw ddysgu mwy. Fe allet ti gynnig ysgrifennu stori ar gyfer papur newydd yr ysgol, neu gyflwyno'r pwnc i'r dosbarth.

Diffodd y golau

Beth am osod her 'diffodd y golau' er mwyn atgoffa pawb i ddiffodd y golau wrth adael pob stafell? Bob tro rwyt ti'n cofio gwneud hyn, rwyt ti'n ennill munud o wneud dy hoff beth. Ond bob tro rwyt ti'n anghofio, rwyt ti'n colli munud!

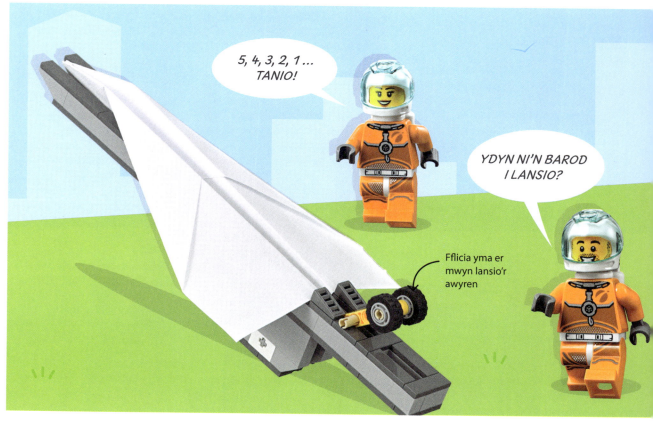

36 Datrys y pos

Gwthia'r ffiniau! Gweithia gyda ffrind neu grŵp o ffrindiau ar sialens adeiladu LEGO. Rydych chi'n siŵr o weld fod gan bawb sgiliau gwahanol, felly dathlwch eich doniau a dewch at eich gilydd er mwyn datrys pos LEGO. Dyma her i gychwyn arni. Adeiladwch beiriant i lansio awyren bapur LEGO, a sylwch pa mor bell gall eich awyren hedfan.

HEI! GWYLIA FI!

Bydd angen gosod yr awyren yn llac yn y cafn hwn

MAE'R PEIRIANT HWN YN ARALLFYDOL!

Adeilada hwn

Mae darnau LEGO® Technic yn ddefnyddiol er mwyn creu mechanweithiau fel trosol codi a thanio.

Bod yn gyfeillgar i'r gwenyn

Bssss! Mae'r gwenyn angen dy help! Mae'r creaduriaid bach pwysig hyn yn helpu i beillio planhigion, ond mae eu niferoedd yn lleihau. Fe alli di annog gwenyn i ymweld â dy ardd drwy dyfu blodau, er enghraifft blodyn yr haul, nasturtiwm, lafant, a gwyddfid. Adeilada flodau a gwenyn LEGO a chyflwyna'r neges bwysig hon i dy ysgol.

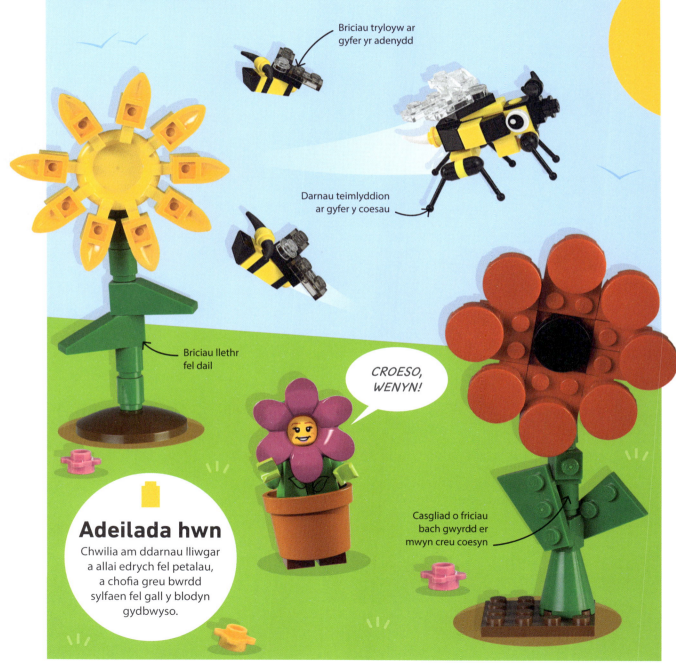

Briciau tryloyw ar gyfer yr adenydd

Darnau teimlyddion ar gyfer y coesau

Briciau llethr fel dail

CROESO, WENYN!

Casgliad o friciau bach gwyrdd er mwyn creu coesyn

Adeilada hwn

Chwilia am ddarnau lliwgar a allai edrych fel petalau, a chofia greu bwrdd sylfaen fel gall y blodyn gydbwyso.

38

Croesawu pawb

Trefna brynhawn yn llawn o gemau LEGO i ti a dy ffrindiau. Beth am ofyn i rywun gwahanol nad wyt ti wedi'i wahodd o'r blaen? Mae'n beth caredig i gynnwys pobl eraill, ac mae'n gyfle i fagu cyfeillgarwch newydd. Gallwch chi chwarae gêm LEGO hwyl, fel y sialens robotaidd hwn!

Robotiaid rhyfedd

1. Eisteddwch wrth bentwr o friciau LEGO. Rhowch 10 munud ar y cloc, yna dechreuwch adeiladu.

2. Pwy all adeiladu'r robotiaid mwyaf rhyfedd cyn i'r amser ddod i ben?

3. Chwaraewch eto gyda thema gwahanol – gallwch greu ceir, anifeiliaid y fferm, neu angenfilod brawychus!

Chwarae hwn!

Adeilada pa robot fynni di yn yr her adeiladu hwn. Gwna dy orau i greu'r robot rhyfeddaf!

39

Dweud dy ddweud

Os daw'r cyfle i ddweud dy ddweud am fater yn yr ysgol, gwna'n siŵr bod dy lais yn cael ei glywed. Gall fod am unrhyw beth: digwyddiadau arbennig, neu syniadau amser snac. Ymuna mewn trafodaethau 'amser cylch' yn y dosbarth, ysgrifenna syniadau mewn blwch syniadau, a phleidleisia mewn etholiadau ysgol.

Camu i'w hesgidiau

Mae wastad yn beth da i feddwl am deimladau pobl eraill. Os yw dy ffrind yn ymddwyn ychydig yn wahanol i'r arfer, gofynna ambell gwestiwn i ti dy hun: Sut wyt ti'n meddwl maen nhw'n teimlo? Beth allai'r rheswm fod dros eu tristwch? Beth alli di wneud i helpu? Efallai bydd adeiladu emoji LEGO® yn dod â gwên i'w hwyneb!

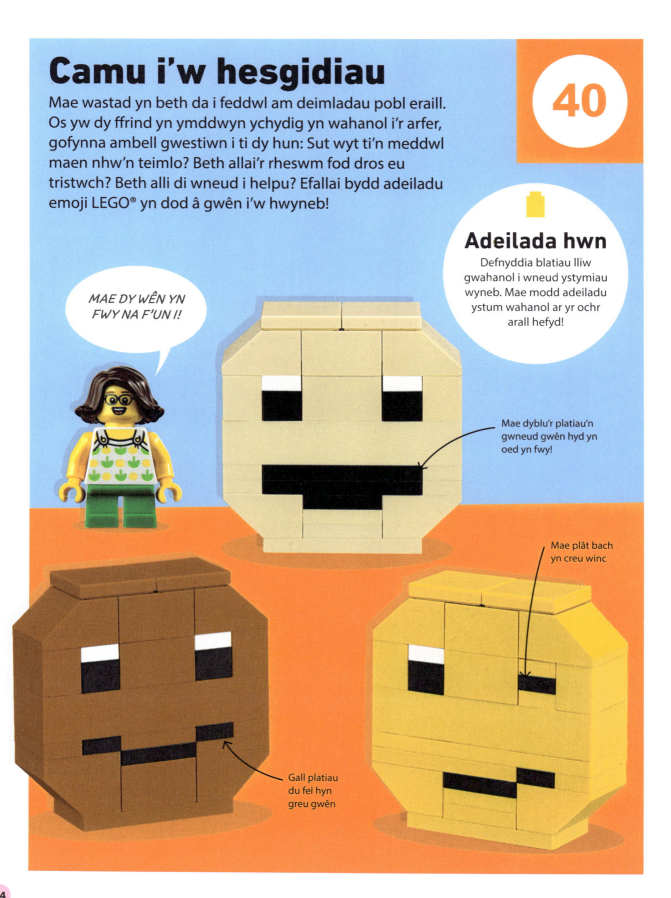

Adeilada hwn

Defnyddia blatiau lliw gwahanol i wneud ystymiau wyneb. Mae modd adeiladu ystum wahanol ar yr ochr arall hefyd!

MAE DY WÊN YN FWY NA F'UN I!

Mae dyblu'r platiau'n gwneud gwên hyd yn oed yn fwy!

Mae plât bach yn creu winc

Gall platiau du fel hyn greu gwên

Bod yn ddewr

41

Mae gwneud rhywbeth newydd yn gallu gwneud i ti deimlo'n nerfus, ond gall fod yn gyffrous hefyd! Oes yna rywbeth rwyt ti'n ofn ei drio? Rwyt ti'n sicr o deimlo'n falch iawn ohonot ti dy hun ar ôl iti roi cynnig arni. Beth wnei di? Neidio oddi ar y bwrdd plymio? Ymuno â chlwb newydd? Cysgu draw yn nhŷ ffrind?

HEI, AM DONNAU GWYCH!

Ffeirio!

42

Oes gen ti ddillad sy'n rhy fach i ti yng nghefn dy wardrob? Angen gwisg ffansi ar gyfer parti? Beth am drefnu digwyddiad ffeirio dillad? Gofyn am help oedolyn a threfna amser penodol ar ddechrau tymor newydd, i gael cymdogion a ffrindiau ynghyd. Fe gewch chi lawer o hwyl yn dewis dillad "newydd" am ddim!

DOES DIM ANGEN PRRRRYNU DIM!

MYFI YW'R DYWYSOGES GWENLLIAN!

Rhoi sglein ar dy ysgol

Cyfranna at fywyd dy ysgol drwy helpu i drefnu digwyddiad hwyl. Beth am sioe dalent i'r dosbarth, lle gall disgyblion arddangos eu sgiliau canu, dawnsio, chwaraeon, actio, triciau hud, neu gomedi? Gofyn i dy athro am gyngor ar sut i gynllunio hyn – ac adeilada feicroffon ffynci er mwyn edrych yn hollol broffesiynol!

Adeilada hwn

Bydd cyfuniad o friciau llethr a chromlen yn gwneud i dy feicroffon edrych yn fwy crwn.

Mae pob bricsen ben i waered

DWI MOR CŴL!

Darn teimlydd hir

Bod yn gogydd

Gwisg dy het gogydd a rho help llaw yn y gegin. Mae sawl ffordd y galli di helpu – troi, wisgio, pwyso cynhwysion, torri wyau, neu chwalu darn o gaws. Paid ag anghofio gosod y bwrdd hefyd! Meddylia am syniadau a chynllunia brydau hyfryd gyda briciau LEGO.

Adeilada hwn

Cer amdani a pharatoi dy hoff fwyd gyda briciau LEGO. Gwna'n siŵr ei fod yn rhy ciwt i'w fwyta drwy ychwanegu llygaid!

Briciau melyn golau ar gyfer india-corn

BON APPETIT!

Haenau hyfryd o eisin ar gacen lemwn

Tafell o gaws yn pipo o'r frechdan

Dathlu ti dy hun!

Dangos i'r byd pwy wyt ti drwy greu model LEGO neu ffigwr bach ohonot ti dy hun! Oes yna hobi, anifail neu unrhyw beth o gwbwl sy'n cyfleu beth wyt ti'n ei hoffi, neu'r hyn sy'n dy wneud di'n TI?

DWI'N DAL, YN FELYN, AC YN CŴL!

DWI'N HOFFI'R GOFOD, A CHŴN POETH.

UNCORN UNIGRYW YDW I.

Chwilio am enfys

Ychwanega ychydig o liw i dy gymuned wrth adeiladu enfys LEGO a'i gosod mewn ffenest, er mwyn rhoi gwên ar wynebau'r cymdogion. Ceisia gael plant eraill yr ardal i wneud yr un peth, a mentra allan gydag oedolyn am helfa'r enfys i gyfri sawl un weli di!

Gosod y briciau mewn siâp grisiau

DYMA ENFYS O FYD.

Briciau gwyn ar gyfer cymylau

Yr awyr yw'r plât sylfaen

Adeilada hwn

Mae modd iti greu model 3D neu gynllun fflat ar blât sylfaen, ac fe alli di ei bwyso yn erbyn dy ffenest.

Bydd rhoi ceg hapus ar dy fodel yn siŵr o wneud i bobl wenu

Bod yn rhan o dîm

Ymuna â thîm a dysga sut i fod yn amyneddgar, ymddiried mewn eraill, a gweithio fel rhan o dîm – a gwneud ffrindiau a chael hwyl ar yr un pryd. Paid â theimlo bod yn rhaid iti wneud beth mae dy ffrindiau'n ei wneud. Gwna rywbeth sydd o ddiddordeb i ti – beth am ymuno â thîm chwaraeon, tîm cwis, neu dîm gwyddbwyll? Efallai byddi di'n ennill tlws!

GÔÔÔÔÔÔL!

Teils yw menig y gôl-geidwad

Pen ffigwr bach yw'r bêl

SGILIAU GWYCH!

Cysyllta'r pen i'r corff gyda styden gron

Adeilada hwn

Adeilada ysbryd y tîm drwy greu'r aelodau allan o friciau LEGO. Gwna i bob un edrych fel person go iawn.

Benthyg gyda pharch

Bydd yn garedig a pharchus wrth fenthyg! Os cei di fenthyg rhywbeth gan ffrind, gofala amdano. Paid â'i ddifrodi na'i gael yn fudr, ac er mwyn popeth, paid â'i golli! Rho'r eitem yn ôl mewn da bryd, hefyd. Bydd dy ffrind yn gwybod y gall ymddiried ynot ti a bydd yn fwy tebygol o fenthyg rhywbeth i ti eto yn y dyfodol.

DIOLCH! ROEDD HWN YN HWYL.

CROESO, SIŴR!

49

Diffodd y tap

Os wyt ti'n gadael dŵr y tap i lifo am ddwy funud wrth frwsio dy ddannedd, byddi di wedi gwastraffu 10 litr (2.5 galwyn) o ddŵr! Rhaid diffodd y tap i arbed dŵr! Adeilada frwsh dannedd LEGO a'i roi wrth ymyl y tap i dy atgoffa.

Adeilada hwn

Defnyddia blatiau hir a briciau llethr, ac ychwanega friciau gwyn ar gyfer blew y brwsh.

WPS! ALLA I DDIM BRWSHO FY NANNEDD GYDA HWN!

Dweud stori LEGO®

"Un tro roedd plentyn a hoffai LEGO yn fawr, ac fe adeiladodd stori ..." Dwed stori i ddiddanu dy frawd, chwaer neu ffrind iau, gan ddefnyddio briciau LEGO. Beth am adrodd fersiwn LEGO o stori enwog fel *Y Tri Bwch Gafr*, neu greu dy stori dy hun yn llawn angenfilod, tywysogesau, dreigiau – neu unrhyw beth arall a ddaw i dy ddychymyg!

50

DWI'N MYND I ACHUB Y DYWYSOGES O'R TŴR.

DWI'N REIT HAPUS FEL YDW I, DIOLCH!

Mae tair golygfa yn adrodd stori'r tywysog, y dywysoges a'r ddraig

Adeilada hwn

Canolbwyntia ar lond llaw o rannau pwysig o'r stori, er mwyn cadw dy olygfeydd yn fach ac yn syml.

WELI DI'R DDRAIG SY'N CHWYTHU TÂN!?

Symud y ffigwr bach ar draws y golygfeydd gwahanol

52

Bydd wych ac ailgylcha

Oeddet ti'n gwybod y gallai dros hanner cynnwys arferol eich bin sbwriel gael ei ailgylchu? Rho her i'r teulu i roi llai o bethau yn y bin du, a thaflu'r holl bapur, gwydr, tiniau a phlastig untro i'r biniau ailgylchu priodol.

Gwneud i rywun deimlo'n wych

Mae bod yn ffeind yn rhad ac am ddim! Ceisia godi calon rhywun wrth ddweud rhywbeth positif amdanyn nhw. Edmyga fwclis y siopwr, neu esgidiau newydd dy athro. Dwed wrth ffrind mai hi yw dawnswraig orau'r byd. Bydd hyn yn siŵr o wneud iddi hi deimlo'n wych – bydd gweld ei hwyneb hapus yn gwneud i ti deimlo'n wych hefyd!

52

WIR?
O DIOLCH ITI!

MAE DY WALLT NEWYDD YN ANHYGOEL!

Tynnu'r plyg

Mae modd arbed egni trwy dynnu'r plyg! Pan mae rhywbeth wedi'i blygio i'r soced mae'n dal i ddenyddio trydan – hyd yn oed os ydyw wedi'i ddiffodd. Gwna hi'n arferiad i dynnu dy ffôn, cyfrifiadur, teledu ac unrhyw ddyfeisiadau eraill o'r soced ar ôl eu defnyddio. Rhaid cadw'r oergell a'r rhewgell wedi'u plygio i mewn, cofia!

53

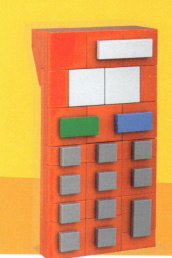

FFIW! BYDD ANGEN FY HOLL EGNI I DDADGYSYLLTU HWN!

54

Dathlu dy filltir sgwâr

Dangos dy gariad at dy ardal drwy wneud logo LEGO sy'n arddangos yr holl bethau da amdani. Oes yna adeilad enwog? Pont hardd? Coed prydferth? Ydy hi'n ardal ar lân y môr neu'n ardal gefn gwlad? Gofyn i dy ffrindiau beth yw eu hoff bethau nhw hefyd, fel y gelli greu cynllun y bydd pawb yn falch ohono.

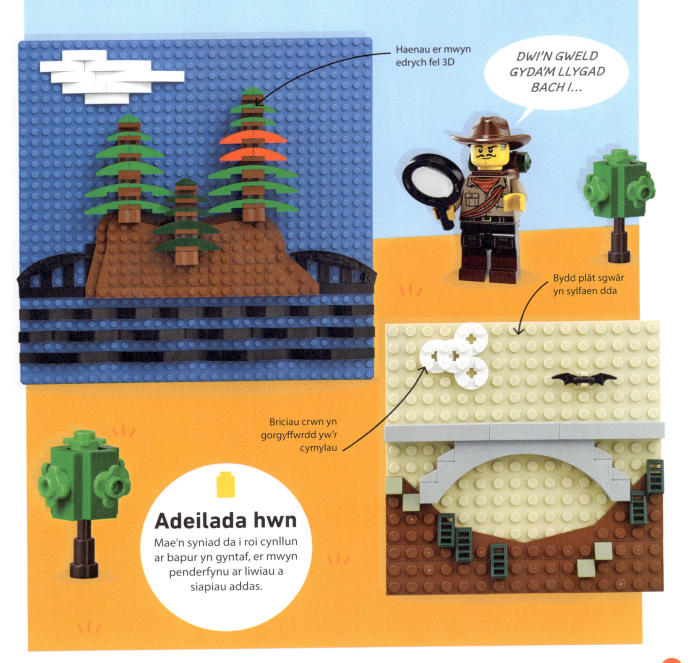

Haenau er mwyn edrych fel 3D

DWI'N GWELD GYDA'M LLYGAD BACH I...

Bydd plât sgwâr yn sylfaen dda

Briciau crwn yn gorgyffwrdd yw'r cymylau

Adeilada hwn

Mae'n syniad da i roi cynllun ar bapur yn gyntaf, er mwyn penderfynu ar liwiau a siapiau addas.

Gwylio adar

Mae adar yn anifeiliaid prydferth, ond maen nhw hefyd yn chwarae rhan bwysig ym myd natur drwy beillio planhigion, lladd plâu a gwasgaru hadau. Dylwn warchod cynefinoedd adar, yn enwedig y rhai mwyaf prin. Pa adar weli di yn y goedwig, y parc yng nghanol y dref, neu wrth y llyn? Defnyddia lyfrau neu archwilia ar-lein i ddysgu amdanyn nhw. Yna, adeilada'r adar arbennig gyda briciau LEGO.

Mae colfach ar big cnocell y coed fel y gall bigo'n llon!

Ceisia ddewis lliwiau addas – fel glas ar gyfer glas y dorlan

Os nad oes gen ti ddarn llygad, bydd bricsen fach gron yn gwneud y tro

MAE MOR BRYSUR YMA HEDDIW!

Adeilada hwn

Fe alli di ddefnyddio platiau dant at gyfer pig, troed, a blaen pluen.

GOFALUS! Cofia gadw pellter, a chadw'n dawel wrth wylio adar, rhag ofn iddyn nhw ddychryn.

Bod yn bositif

Gall diwrnod anodd yn yr ysgol, neu ffrae gyda ffrind, droi dy wên ben i waered. Mae hyn yn naturiol. Ymdrecha i edrych ar ochr orau pob sefyllfa, a chadwa'n bositif pan alli di. Rho dy sylw i'r pethau sy'n dy wneud di'n hapus – trefnu trip, darllen llyfr neu chwarae gyda dy friciau LEGO. Daw'r wên yn ei hôl whap!

MAE'N HAWS BOWNSIO'N ÔL PAN WYT TI'N MEDDWL YN BOSITIF!

DWI EISIAU PLU FEL TI!

Gwna gynffon, plu neu big o friciau llethr

Beth am greu coeden i dy aderyn gael clwydo?

Dod yn ffrind i'r henoed

Gall hen bobl weithiau deimlo'n unig, yn enwedig os nad ydyn nhw'n mynd allan rhyw lawer. Beth am wneud ffrindiau gyda dy gymdogion hŷn? Bydd hi'n braf cael sgwrs dros y ffens gyda nhw. Gofyn iddyn nhw sut le oedd y byd pan oedden nhw dy oed di, a dwed wrthyn nhw sut beth yw bod yn blentyn heddiw.

DYMA FY HOFF FODEL LEGO!

Cysgu'n dawel

Wyt ti'n cyfri defaid i dy helpu i gysgu? Wel, beth am drio cyfri ffigyrau bach LEGO? Mae'n hollbwysig dy fod yn cael digon o gwsg er mwyn i dy gorff allu adfer a thyfu. Os nad wyt ti wedi cysgu'n dda fe all fod yn anodd i ti ganolbwyntio. Ymlacia cyn amser gwely drwy adeiladu cymeriadau LEGO doniol a dwl; efallai y gweli di nhw yn dy freuddwydion!

Beth am roi het ar ben dy gymeriad dwl?

Adeilada hwn
Cadwa bethau'n syml pan wyt ti'n creu cyn cysgu. Dwyt ti ddim eisiau bod ar dy draed yn hwyr yn gorffen dy gampwaith!

Bod yn deg

Mae ennill yn teimlo'n wych pan wyt ti wedi chwarae'n deg. Beth am greu gêm LEGO gyda dy ffrindiau? Gall fod yn gêm o lwc fel gêm fwrdd â dis, neu gêm o sgil fel drafftiau. Wrth gwrs, mae yna un rheol bwysig iawn: dim twyllo ar unrhyw adeg!

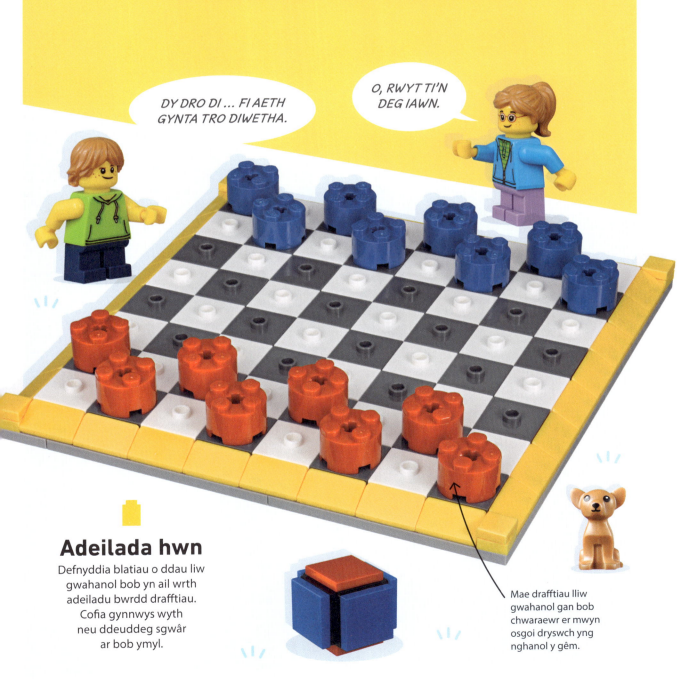

DY DRO DI ... FI AETH GYNTA TRO DIWETHA.

O, RWYT TI'N DEG IAWN.

Adeilada hwn

Defnyddia blatiau o ddau liw gwahanol bob yn ail wrth adeiladu bwrdd drafftiau. Cofia gynnwys wyth neu ddeuddeg sgwâr ar bob ymyl.

Mae drafftiau lliw gwahanol gan bob chwaraewr er mwyn osgoi dryswch yng nghanol y gêm.

Ffurfio clwb

60

Mae'n hwyl dechrau hobi newydd gyda ffrind. Beth am ffurfio clwb ar ôl ysgol gyda'r plant yn dy ddosbarth, fel clwb LEGO® efallai? Fe allwch chi chwarae gemau, cynnal cystadleuaethau, ac ymuno mewn heriau creu. Y cam cyntaf yw siarad gyda dy athro er mwyn cael cyngor.

DYMA DY GERDYN AELODAETH AR GYFER Y CLWB CREU!

Rhoi syrpréis i ffrind

61

Does dim angen achlysur arbennig i roi anrheg i rywun. Rho wên ar wyneb dy ffrind wrth roi anrheg y tu mewn i focs rhodd LEGO prydferth. Cei di ddewis yr anrheg – losin, breichled, neu'r ffigwr bach LEGO y mae dy ffrind wedi bod yn ei lygadu!

Teils ar y top er mwyn creu clawr llyfn

Teils rhuban yn cysylltu i'r briciau gyda stydiau ochr

Adeilada hwn

Rhaid dechrau gyda bocs syml â phlatiau ar y gwaelod, a'r briciau'n bentwr ar yr ochrau. Yna gosoda glawr ac addurniadau.

Ychwanega lygaid, ceg a thrwyn i roi cymeriad i'r bocs

Dathlu arwyr

Does dim rhaid gwisgo clogyn i fod yn arwr! Mae arwyr o'n cwmpas ni i gyd. Edrych yn y papur newydd i ddysgu am bobl yn dy ardal sydd wedi cyflawni rhywbeth yn y gymuned, wedi dangos dewrder neu helpu eraill. Pora drwy'r we, neu mewn llyfrau hanes i ganfod straeon am unigolion sydd wedi bod yn ddewr. Paid anghofio lluniau o dy deulu hefyd. Beth am wneud cyflwyniad am rywun sydd wedi gwneud y byd yn lle gwell?

Adeiladu ar y cyd

Gall rhannu syniadau ehangu dy orwelion, a dy gampweithiau LEGO hefyd! Ymuna gyda ffrindiau, dewisiwch thema, a chynigiwch syniadau ac awgrymiadau ar sut i fynd ati. Gwna'n siŵr fod gan bawb gyfrifoldeb dros un rhan arbennig, er enghraifft lloriau gwahanol mewn adeilad tal. Rhowch y modelau at ei gilydd a sylwch ar ba mor debyg – neu wahanol – y mae'r rhannau'n edrych.

Adeilada hwn

Gall pob rhan (llawr) gael ei chreu ar wahân, ac yna'u rhoi at ei gilydd ar y diwedd. Mae hyn yn cael ei alw'n adeiladu modiwlaidd.

Gall pob adeiladwr gael ei lawr ei hun

Penderfynodd y tîm mai llyfrgell ar y top fyddai orau

Mae bwyty bach ar y llawr hwn

Siop flodau ar y llawr gwaelod

Llyfrgell fach

Beth am gynnal parti ffeirio llyfrau ar gyfer dy ffrindiau sy'n hoffi darllen? Mae hwn yn gyfle gwych i ddod i wybod am awduron newydd, neu drio llyfrau y byddet ti ddim wedi'u dewis mewn siop neu yn yr ysgol. Bydd hi'n union fel llyfrgell fach bersonol i ti a dy fêts! Ond ceisiwch beidio â chwffio dros y llyfrau LEGO!

WAW! DYMA LYFR LEGO!

MAE GEN I UN HEFYD!

A FI!

Gwybod beth sy'n iawn

Mae pawb yn gwybod na ddylwn ni dderbyn ymddygiad angharedig, ond mae angen bod yn ddewr i godi dy lais a gwrthod hyn. Mae cynllunio beth wyt ti'n mynd i'w ddweud o flaen llaw yn gallu helpu. Ymarfer beth wyt ti'n mynd i'w ddweud neu wneud gyda dy ffigyrau bach LEGO. Os wyt ti'n poeni am ymddygiad angharedig, cofia siarad gydag oedolyn a gofyn am gyngor.

Dweud diolch wrth athro

Oes gen ti hoff athro? Rhywun caredig, doniol, sy'n gwneud dysgu'n hwyl ac sy'n llawn ysbrydoliaeth? Dangos dy werthfawrogiad drwy wneud cerdyn neu anrheg iddyn nhw. Beth am adfywio'r hen draddodiad o roi afal i dy athro – ond afal o LEGO y tro hwn, wrth gwrs!

Adeilada hwn

Dechreua gyda sylfaen ac yna adeilada am i fyny. Gosoda'r briciau tuag allan ac yna tuag i mewn i greu siâp crwn.

Ychwanega deilsen i wneud iddo edrych yn ffres

Mae briciau'n ffurfio'r siâp canolog, ac mae platiau bach yn gwneud iddo edrych yn grwn

I CHI, SYR …

O DIOLCH, DWI MOR LLWGLYD!

Bod yn gymydog da

Gwna dy ran i greu cymuned gyfeillgar drwy wneud cymwynas â chymydog. Beth am gynnig helpu symud biniau hen berson, ysgubo'r dail oddi ar fuarth rhywun ar dy stryd, a chymryd amser i groesawu person newydd i dy ardal.

Dim sbwriel

Mae picnic ym myd natur yn llawer o hwyl, ac mae modd bod yn garedig wrth yr amgylchedd drwy beidio creu sbwriel. Ystyria ddefnyddio potel aml-ddefnydd, rhoi'r bwyd mewn bocs bwyd, a dod â chyllell a fforc o dy gartref.

Fferm fwydod

Mwydod yw gwir arwyr yr amgylchedd! Maen nhw'n bwyta microbau o weddillion bwyd a'u troi'n gompost. Mae'n hawdd dechrau fferm fwydod, neu 'mwydfa', mewn bin compost neu fwced. Beth am ymchwilio ar y we yn gyntaf i ddysgu sut i gadw dy fwydod yn hapus ac iach? Yn fuan iawn byddi di'n berchen ar drefedigaeth o fwydod, ac efallai y sylwi di ar ymwelwyr bach eraill hefyd!

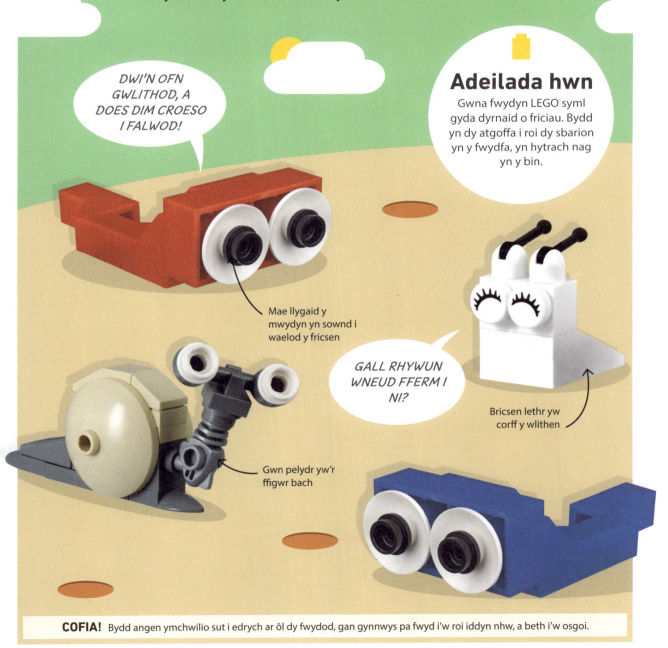

DWI'N OFN GWLITHOD, A DOES DIM CROESO I FALWOD!

Adeilada hwn

Gwna fwydyn LEGO syml gyda dyrnaid o friciau. Bydd yn dy atgoffa i roi dy sbarion yn y fwydfa, yn hytrach nag yn y bin.

Mae llygaid y mwydyn yn sownd i waelod y fricsen

GALL RHYWUN WNEUD FFERM I NI?

Bricsen lethr yw corff y wlithen

Gwn pelydr yw'r ffigwr bach

COFIA! Bydd angen ymchwilio sut i edrych ar ôl dy fwydod, gan gynnwys pa fwyd i'w roi iddyn nhw, a beth i'w osgoi.

Cefnogi eraill

Weithiau, byddwn ni'n teimlo'n eiddigeddus pan mae ffrind yn gwneud rhywbeth yr hoffen ni ei wneud, fel llwyddo mewn prawf, neu sgorio gôl. Ceisia roi'r teimladau hynny naill ochr, dwed 'llongyfarchiadau' wrth dy ffrind, a byddi di'n teimlo'n llawer gwell. Adeilada'r rhif 1 allan o LEGO i ddangos i dy ffrind pa mor wych ydyn nhw.

Mae rhifau LEGO yn gwneud addurniadau cŵl ar gyfer pen-blwydd neu ddyddiadau arbennig

RWYT TI'N **UN** O FIL!

Adeilada hwn

Gall dy rif fod yn un lliw neu'n gyfuniad o liwiau. Fe alli di ei addurno gyda manion eraill hefyd!

1

Dymuno'r gorau

Pan mae rhywun rwyt ti'n ei garu'n sâl neu mewn poen, gwna dro da â nhw i ddangos dy fod yn meddwl amdanyn nhw. Rho drît iddyn nhw, tynna lun, gwna becyn gofal, neu cer â thusw o flodau LEGO fel syrpréis iddyn nhw.

Mae blodau LEGO yn para'n hirach na blodau go iawn!

Chwilia am ddarnau anghyffredin yn dy gasgliad

DIOLCH O GALON!

Mae'r coesynnau yn sownd i'r plât er mwyn cadw'n syth

Adeilada hwn

Pentyrra friciau gwyrdd i greu coesynnau. Gall llethrau crwn lliwgar weithio'n dda fel petalau.

Parchu'r rheolau

Weithiau mae'n teimlo fel bod rhaid dilyn rheolau o hyd ac o hyd! Aros i'r dyn gwyrdd i ymddangos cyn croesi'r ffordd, gwisgo helmed i feicio, peidio â rhedeg yng nghoridorau'r ysgol – mae'r rhestr o reolau'n hir, ond mae hyn er mwyn ein cadw ni'n ddiogel. Parcha'r rheolau yn dy ysgol, yn dy gartref, ac yn y byd mawr o dy gwmpas, ac atgoffa pobl eraill i wneud yr un peth. Yn lwcus iawn, does dim rheolau wrth adeiladu gyda LEGO!

DERE 'MLAEN, GOLAU GWYRDD!

73

Canolbwyntio

Os wyt ti'n teimlo bod gormod o feddyliau yn gwibio drwy dy ben, ceisia ganolbwyntio ar un synnwyr ar y tro. Gallai hyn fod yn rhywbeth rwyt ti'n ei weld, ei glywed, ei arogli, ei flasu neu ei deimlo. Beth am ymarfer gyda'r gêm ddyfalu hwyliog hon?

Beth sydd yn y bag?

1. Rho lond llaw o ffigyrau bach LEGO y tu mewn i hosan neu fag ffabrig.
2. Rho funud ar y cloc, cau dy lygaid a theimlo un ffigwr bach drwy'r bag. Hoelia dy sylw i gyd ar beth yr wyt ti'n ei deimlo gan ddyfalu pa un sydd gen ti.
3. Ar ôl un funud, tynna'r ffigwr o'r bag. Oeddet ti'n gywir? Tria eto nes dy fod wedi adnabod y ffigyrau bach i gyd – gan ddefnyddio dy synnwyr teimlo yn unig!

Chwarae hwn

Wyt ti'n gallu adnabod ffigyrau bach wrth eu cyffwrdd – drwy gau dy lygaid a chanolbwyntio?

74

Bod yn garedig

Mae'n gwrtais i gynnig tacluso cyn iti adael tŷ dy ffrind. Gwna hyn yn rhan o amser chwarae – beth am weld pwy sy'n gallu casglu'r nifer mwyaf o deganau mewn tair munud, neu chwarae cerddoriaeth a chael disgo wrth glirio?

WNES I ANGHOFIO'R FRICSEN FAWR LAS!

HEI, NID BRICSEN YDW I!

Ffurfio 'llyfrgell o bethau'

75

Fel teulu, byddai'n syniad da i ffurfio 'llyfrgell o bethau', er mwyn rhannu eiddo gyda ffrindiau a chymdogion. Llunia restr o bethau nad wyt ti'n eu defnyddio'n aml, fel offer, gwisgoedd ffansi a gemau bwrdd, y gall pobl eraill ychwanegu ati. Gallwch yrru ebost at eich gilydd pan fod angen benthyg rhywbeth arnoch.

TELESGOP – YR UNION BETH DWI'I ANGEN!

MAE'R WISG HON YN GOSMIG!

Chwilio am garedigrwydd

76

Os wyt ti'n teimlo drist, gall fod yn anodd tynnu dy hun o'r hwyliau isel. Agor dy lygaid a sylwa ar yr holl bethau caredig mae pobl yn eu gwneud i'w gilydd pob dydd. Bydd hyn yn siŵr o godi dy galon. Fydd dim angen i ti edrych yn bell.

DIOLCH AM Y DŴR, CARIAD.

BRYSIA WELLA!

Awyr iach!

Mae bod tu allan yn yr awyr agored yn hwyl, ac mae'n gwneud lles i ni hefyd! Rydyn ni'n derbyn dos dda o Fitamin D, sy'n cadw'n hesgyrn yn iach. Ceisia wneud rhywbeth y tu allan bob dydd, fel mynd am dro, mynd i'r parc, gwneud chwaraeon, neu gael picnic. Os yw'r tywydd yn rhy ddiflas i fentro allan, beth am greu model o dy hoff weithgaredd awyr agored?

Adeilada hwn

Rho fanylion ar dy olygfa, fel offer chwaraeon, bwyd ac anifeiliaid.

Ychwanega flodau neu adeilada goeden i roi cysgod

MMM MAE'R SMŴDDI YMA'N FWY BLASUS ALLAN YMA YN YR AWYR AGORED!

Adeilada focs diod gan ddefnyddio bricsen fach a bricsen lethr

Gwna'r fainc yma gan ddefnyddio platiau hir

Rhoi trît bach

Dangos i rywun dy fod yn meddwl amdanyn nhw drwy roi syrpréis melys iddyn nhw! Bydd trît blasus yn siŵr o godi eu calon; cacennau bach, pice ar y maen o'r siop fara leol, neu fisgedi LEGO, hyd yn oed! Pa ddanteithion hyfryd alli di eu hadeiladu gyda dy friciau LEGO?

Adeilada hwn

Dim ond dyrnaid o friciau LEGO sydd eu hangen er mwyn creu cacen neu fisged syml. Ychwanega sawl haen – neu eisin, hyd yn oed.

Defnyddia blât crwn gwyn i wneud haenen hufen

Paid anghofio'r eisin a'r geiriosen ar dy fynsen!

Gwna siâp petryal ar gyfer cacennau fel *brownies*.

Mae gan gacen ffenest LEGO neu *battenberg* friciau melyn a phinc y tu mewn

O DIOLCH, SIWGWR CANDI!

74

Tyfu llysiau

Os oes gen ti ardd neu ardal y tu allan, beth am blannu llysiau? Wrth dyfu perlysiau a llysiau fydd dim angen iti fynd i'r siop mor aml, a chei di chwa o awyr iach hefyd.

Adeilada hwn

Defnyddia dy friciau LEGO i gynllunio beth hoffet ti ei dyfu. Adeilada lysiau LEGO a'u trefnu yn dy ardd LEGO.

Rhaid cael bwgan brain yma!

Newyddion da

Beth am greu papur newydd sy'n llawn o straeon positif? Os wyt ti'n clywed am rywun sydd wedi gwneud rhywbeth caredig, neu am stori hapus, ysgrifenna amdanyn nhw yn y papur. Wedi i ti gasglu digon o erthyglau, rho gopïau i dy deulu a ffrindiau.

MAE PWSI MERI MEW ADRE'N SAFF!

Gwrando ar eraill

Mae hi'n bwysig sefyll yn gadarn dros yr hyn rwyt ti'n ei gredu. Fe alli di gymryd rhan mewn trafodaeth gyfeillgar am fater sy'n bwysig i ti, ond cofia wrando ar safbwynt pobl eraill hefyd. Cadwa'n bositif a pharchus, a cheisia weld beth alli di ddysgu wrth bawb arall.

... A DYNA PAM MAE HYN YN FY NGYRRU I'N WYLLT!

DWI'N DECHRAU DEALL DY FFORDD O FEDDWL ...

Gwirfoddoli yn yr ysgol

Bydd yn seren yn yr ysgol drwy ddod o hyd i ffyrdd o helpu dy athrawon prysur. Gwna dy orau i ddychwelyd llyfrau ar ôl eu darllen, rhoi offer chwaraeon i gadw, a chasglu unrhyw sbwriel y gweli di. Mae helpu gyda thasgau bach yn gwneud byd o wahaniaeth.

DIM OND UN DUDALEN FACH ARALL!

Rhoi anrheg arbennig

Mae pawb yn hoffi derbyn anrhegion, yn enwedig rhai arbennig sydd yn dangos gwaith meddwl! Rho anrheg y bydd rhywun wir yn ei gwerthfawrogi. Er enghraifft, os yw dy frawd a chwaer yn ei chael hi'n anodd adnabod eu bag ysgol, rho dab allwedd lliwgar iddyn nhw. Gwna declyn i orffwys ffôn i'r ffrind sy'n hoffi gwylio ffilmiau ar ei ffôn symudol.

Adeilada hwn

Defnyddia hoff liwiau aelodau dy deulu neu ffrindiau i wneud eu hanrheg yn arbennig iawn.

Ychwanega dy gynllun dy hun ar dab allwedd LEGO®

O, DYMA FY HOFF RAGLEN!

Cofia adael bwlch i'r ffôn gael ffitio

Cwrdd â'r creaduriaid

Fe weli di fywyd gwyllt ym mhobman! Trefna ymweliad â'r traeth, llyn, afon neu bwll bach er mwyn dysgu am y creaduriaid sy'n byw yno. Darllen amdanyn nhw mewn llyfrau neu ar-lein pan ei di 'nôl adre. Pa fwydydd maen nhw'n eu bwyta, ble maen nhw'n cysgu, a sut maen nhw'n gofalu am eu rhai bach? Nawr, cer ati i'w creu gyda dy friciau LEGO!

Adeilada hwn

Wedi i ti adeiladu dy greadur, gwna gynefin iddo hefyd.

Conau a bariau sy'n creu'r frwynen

Briciau glas ar eu hochr i wneud pwll hwyaid

Mae brogaod yn bwyta clêr – dyma un wedi'i gwneud o ddwy fricsen bitw bach

Asgell LEGO yw traed yr afanc hwn

85

Ffurfio clwb llyfrau

Wyt ti'n caru darllen? Beth am greu clwb llyfrau ychydig yn wahanol? Rho wahoddiad i dy ffrindiau neu dy deulu i ymuno, yna, yn eich tro, dewiswch lyfr am rywun sydd o gefndir gwahanol. Gall y cymeriad fod o wlad arall, er enghraifft, neu'n rhan o fath gwahanol o deulu. Rho amser penodol i bob un ddarllen y llyfr, yna trefna gwrdd er mwyn trafod.

DYSGAIS I ...

CEFAIS I SYRPRÉIS PAN ...

ROEDD Y DIWEDDGLO YN ...

HOFFAIS I ...

86

Prynu'n lleol

Mae hi'n hwyl darganfod siopau bach lleol cŵl! Drwy brynu'n lleol mi wyt ti'n lleihau llygredd, yn enwedig os wyt ti'n cerdded yno. Ceisia berswadio dy rieni i brynu bwyd o farchnad fferm neu siop fara leol, prynu anrhegion o ffair grefftau neu siop fach, a mynd i fwyty neu gaffi sy'n cael ei redeg gan deulu.

DIOLCH AM HWN. DYMA'N UNION BETH O'N I'I ANGEN!

Darganfod y byd

Bydd yn ddinesydd byd-eang drwy ddysgu am lefydd a diwylliannau eraill. Mae byd mawr i'w weld a'i brofi! Gosoda her i ti dy hun a dysga am wledydd y byd drwy fynd i'r llyfrgell neu ymchwilio ar-lein. Dysga sut beth ydy hi i fod yn blentyn yn y gwledydd hynny, a defnyddia dy friciau i adeiladu rhywbeth am y llefydd rwyt ti wedi dysgu amdanyn nhw.

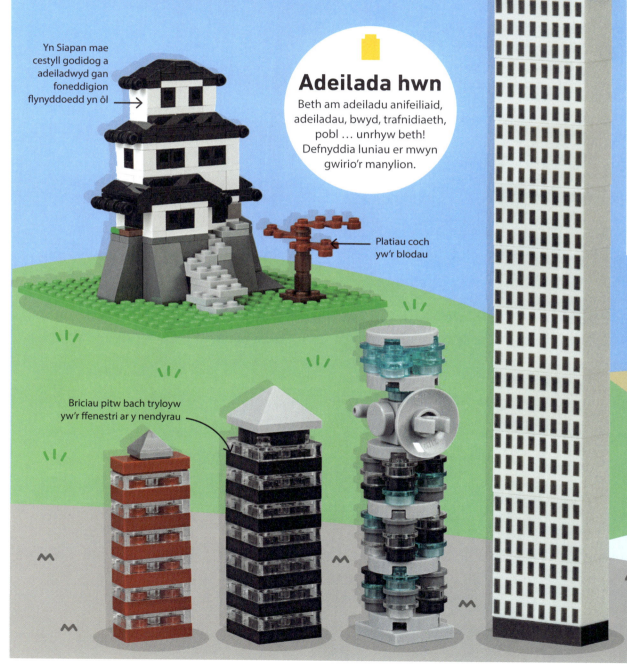

Yn Siapan mae cestyll godidog a adeiladwyd gan foneddigion flynyddoedd yn ôl →

Adeilada hwn
Beth am adeiladu anifeiliaid, adeiladau, bwyd, trafnidiaeth, pobl … unrhyw beth! Defnyddia luniau er mwyn gwirio'r manylion.

Platiau coch yw'r blodau

Briciau pitw bach tryloyw yw'r ffenestri ar y nendyrau

Rhoi help llaw

88

Edrycha am gyfleoedd i helpu pobl yn ystod y dydd. Gall fod mor syml ag agor y drws i rywun, gadael i rywun fynd o dy flaen yn y ciw siopa, neu helpu dy athro i gario rhywbeth. Paid â bod ofn gofyn i bobl eraill os wyt ti eisiau help hefyd!

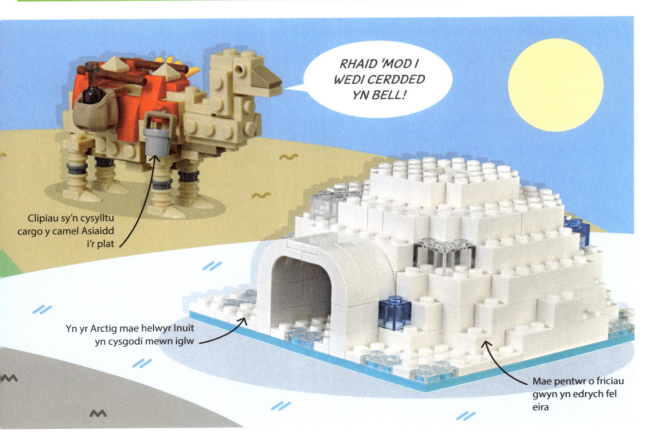

Clipiau sy'n cysylltu cargo y camel Asiaidd i'r plat

Yn yr Arctig mae helwyr Inuit yn cysgodi mewn iglw

Mae pentwr o friciau gwyn yn edrych fel eira

89 Arbed papur

Pan wyt ti'n ymarfer dy sgiliau peintio, neu'n llunio dy gynllun mawr i adeiladu byd gwell, cofia arbed papur drwy ddefnyddio'r ddwy ochr; y blaen a'r cefn. Byddi di'n haneru nifer y tudalennau!

COFIA DDEFNYDDIO POB OCHR!

90 Dathlu'r pethau bach

Adeilada fedal LEGO i ti dy hun i ddathlu rhywbeth rwyt ti wedi'i gyflawni ac rwyt ti'n falch ohono. Efallai dy fod wedi siarad o flaen y dosbarth, wedi gorffen prosiect ysgol, neu wedi helpu ffrind gyda phroblem. Gosod y medal mewn man amlwg er mwyn atgoffa dy hun dy fod di'n hollol wych.

Adeilada hwn

Ychwanega rif i dy fedalau er mwyn cofnodi cyraeddiadau gwahanol – rho ddwy haen o blatiau bach crwn.

Llithra ruban drwy'r twll hwn ar gyfer ei hongian yn dy stafell

Gwna fwy nag un er mwyn dy atgoffa o'r holl bethau rwyt ti'n browd ohonyn nhw

91

Bod yn garedig wrthot ti dy hun

Does neb yn berffaith! Paid â digalonni pan wyt ti'n gwneud camgymeriad, neu pan aiff rhywbeth o'i le. Meddylia amdano fel cyfle i ddysgu. Anghofiaist ti fynd â'r ci am dro? Ymddiheura, ac ysgrifenna nodyn i ti dy hun fel nad wyt ti'n anghofio'r tro nesa. Wedi methu sgorio gôl? Rho dy feddwl ar beth aeth yn dda yn ystod y gêm, a beth ddysgaist ti. Jest gwna dy orau!

Gwneud rhywbeth i TI – pob dydd

Gwna rywbeth pob dydd sy'n dy wneud di'n hapus; am bum munud, hyd yn oed. Gall fod yn sesiwn o adeiladu LEGO, arlunio, neu chwarae offeryn – mae gwneud amser i ti dy hun yn ffordd bwysig iawn o ofalu amdanat ti dy hun. Gosod her hwyl i ti dy hun i adeiladu model LEGO mewn pum munud, ar ddechrau neu ar ddiwedd pob dydd.

Coesau a teimlyddion y trychfil wedi'u gwneud o offer

Galli di greu golygfa fach gyda dyrnaid o friciau

Darnau tryloyw yw llygaid y robot

Mae disgl print radar yn debyg i fol pluog gwdihŵ

Adeilada hwn

Gall un darn fod yn ysbrydoliaeth dros greadigaeth gyfan! Gall côn fod yn big, neu gall disgl radar fod yn fol pengwin.

93 Plannu paradwys i'r pilipala

Beth am dyfu planhigion fel lafant neu fintys i ddenu pilipalod? Mae pilipalod yn helpu'r amgylchedd drwy ledu paill o un planhigyn i'r llall, a byddi di'n siŵr o fwynhau eu gweld nhw'n hedfan o gwmpas. Sawl math gwahanol wyt ti'n ei weld? Ceisia adeiladu fersiynau LEGO ohonyn nhw.

Adeilada hwn

Adeilada dwy adain sy'n union yr un peth. Fe alli di ail-greu pilipala rwyt ti wedi'i weld, neu wneud un dychmygol.

PILIPALA DWI! WÎÎÎÎ!

Defnyddia blât gyda bar i gysylltu'r adenydd i'r corff

Mae gan y pilipala hwn dair haenen o blatiau lliwgar

94 Anadlu!

Pan mae pethau'n dechrau poethi ac rwyt ti'n colli dy bwyll, anadla. Cymer anadl ddofn i mewn trwy dy drwyn gan gyfri i bedwar, yna dal dy anadl am bedair eiliad, yna anadla'n ddwfn allan trwy dy geg gan gyfri i bedwar eto. Dychmyga dy fod yn arogli blodyn, ac yna'n chwythu cannwyll ar gacen!

Bod yn garedig wrth greaduriaid

Mae cael anifail anwes yn lot o hwyl, ond mae'n dipyn o gyfrifoldeb hefyd. Mae angen rhoi bwyd a dŵr iddo bob dydd, mynd ag ef am dro, ei frwsho a'i gadw'n lân. Cyn cael anifail anwes, penderfynwch fel teulu pwy sy'n mynd i fod yn gyfrifol am bob tasg. Yn y cyfamser, fe alli di gael llawer o hwyl yn adeiladu dy anifail anwes delfrydol dy hun, gyda briciau LEGO.

YDY HI'N AMSER MYND AM DRO?

Platiau hir ar gyfer clustiau

Briciau llethr ar gyfer clustiau hir y bwni

BETH SYDD AR Y FWYDLEN HEDDIW?

Cei ddewis lliwiau dychmygol ar gyfer dy anifail delfrydol!

Elfennau teimlyddion yw'r blew

Adeilada hwn

Wedi i ti adeiladu dy anifail, beth am greu gwely a bwyd hefyd? Beth arall sydd angen arno?

Derbyn her y gawod

Mae cael cawod yn hytrach na bath yn arbed dŵr, ac mae cawodydd byr hyd yn oed yn well! Rho her i'r teulu i weld pwy sy'n gallu cael y gawod gyflymaf, a bod yn lân! Cadw lygad ar y cloc, a cher amdani!

FI YW'R ENILLYDD, WIL CWAC CWAC!

Agor dy lygaid

Edrycha i fyny, i lawr, ac o dy gwmpas i gyd, a sylwa ar y pethau sy'n gwneud i ti wenu. Gwiwer yn gwibio i fyny'r goeden? Bwyta hufen iâ blasus? Sylwi ar flodyn yr haul anferth? Adeilada'r hyn sy'n dy wneud di'n hapus.

SAWS MEFUS NEU SIOCLED?

Adeilada hwn

Meddylia am sut y galli di ddefnyddio'r briciau mewn ffyrdd gwahanol. Gall ffiol edrych fel côn hufen iâ.

Mae gan y fan hufen iâ olau, bwmper blaen, a'r peth mwyaf pwysig – cownter gweini!

Creu 'tŵr o newid'

Cadwa gofnod o dy holl gyraeddiadau a gweithredoedd da. Pentyrra friciau LEGO ar ben ei gilydd am bob newid yr wyt ti'n ei wneud, pob gweithred ddewr neu garedig – a gwylia'r tŵr yn tyfu!

Adeilada hwn

Bydd briciau 2x4 yn gweithio'n dda. Rho ffigyrau bach ac addurniadau i dy atgoffa dy hun o beth rwyt ti wedi'i gyflawni.

GALL UN NEWID BACH ...

... ARWAIN AT UN ARALL!

Cynigaist ti help i ffrind? Rho fricsen arall!

Ymunaist ti â dosbarth dawns newydd? Ychwanega ffigwr bach sy'n dawnsio!

Wnest ti ymdrech i ailgylchu? Rho fricsen arall!

Weli di'r tŵr tal yn dechrau siglo? Dechreua adeiladu un arall!

Wyt ti wedi helpu anifail? Ychwanega ffigwr anifail at fricsen

Lledaenu llawenydd

99

Bydd yn enfys o liw lle bynnag yr ei di. Gall ychydig bach o garedigrwydd wneud gwahaniaeth mawr i'r bobl o dy gwmpas. Ceisia wneud rhywbeth caredig pob dydd. Beth am ddechrau trwy ddweud 'bore da' wrth rywun newydd?

HEI, BORE DA!

Dy dro di!

100

Wyt ti'n gallu meddwl am ffyrdd eraill o wneud gwahaniaeth yn y byd o'n cwmpas? Ystyria warchod eraill, dy hun a'r blaned – mae newidiadau bach yn gallu gwneud gwahaniaeth MAWR.

DWI'N FACH, OND DWI'N HELPU I ADEILADU BYD GWELL.

BE WNEI **DI** HEDDIW?

FI HEFYD!

Rhestr wirio

Beth am roi tic wrth y newidiadau rwyt ti'n eu gwneud, y gweithgareddau rwyt ti'n eu cwblhau, a'r caredigrwydd rwyt ti'n ei ddangos? Bydd gweld pob tic yn siŵr o wneud iti deimlo'n wych am yr hyn rwyt ti'n ei gyflawni.

1 Cynnig cwtsh
2 Ffeindio ffrind
3 Lledu positifrwydd
4 1,2,3, tyfu …!
5 Symud dy gorff!
6 Rhoi cerdyn diolch
7 Cynilo'r ceiniogau
8 Gwneud i rywun chwerthin
9 Gwarchod anifeiliaid
10 Dod yn dacluswr o fri

11 Dathlu bod yn wahanol
12 Troi'n arwr casglu sbwriel
13 Rhannu dy sgiliau
14 Bwyta enfys
15 Creu gêm deulu
16 Gwneud ffrind newydd
17 Dod yn arwr gwastraff bwyd
18 3, 2, 1 … rasio!
19 Chwilio am y chwilod
20 Ailgartrefu hen deganau

21 Dysgu am dy hanes
22 Caru dy hun
23 Canu nerth dy galon
24 Cynnal noson wobrwyo
25 Antur anifeiliaid anwes
26 Rhannu!
27 Bod yn garedig ar-lein
28 Helpu yn y tŷ
29 Pen-blwydd Hapus!
30 Helpu rhywun

31 Cynnig dy sedd
32 Dechrau cadwyn creadigrwydd
33 Edrych i'r camera
34 Creu newyddion
35 Diffodd y golau
36 Datrys y pos
37 Bod yn gyfeillgar i'r gwenyn
38 Croesawu pawb
39 Dweud dy ddweud
40 Camu i'w hesgidiau

41 Bod yn ddewr
42 Ffeirio!
43 Rhoi sglein ar dy ysgol
44 Bod yn gogydd
45 Dathlu ti dy hun!
46 Chwilio am enfys
47 Bod yn rhan o dîm
48 Benthyg gyda pharch
49 Diffodd y tap
50 Dweud stori LEGO®

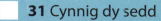

51 Bydd wych ac ailgylcha
52 Gwneud i rywun deimlo'n wych
53 Tynnu'r plyg
54 Dathlu dy filltir sgwâr
55 Gwylio adar
56 Bod yn bositif
57 Dod yn ffrind i'r henoed
58 Cysgu'n dawel
59 Bod yn deg
60 Ffurfio clwb

81 Gwrando ar eraill
82 Gwirfoddoli yn yr ysgol
83 Rhoi anrheg arbennig
84 Cwrdd â'r creaduriaid
85 Ffurfio clwb llyfrau
86 Prynu'n lleol
87 Darganfod y byd
88 Rhoi help llaw
89 Arbed papur
90 Dathlu'r pethau bach

61 Rhoi syrpréis i ffrind
62 Dathlu arwyr
63 Adeiladu ar y cyd
64 Llyfrgell fach
65 Gwybod beth sy'n iawn
66 Dweud diolch wrth athro
67 Bod yn gymydog da
68 Dim sbwriel
69 Fferm fwydod
70 Cefnogi eraill

91 Bod yn garedig wrthot ti dy hun
92 Gwneud rhywbeth i TI
   – pob dydd
93 Plannu paradwys i'r pilipala
94 Anadlu!
95 Bod yn garedig wrth greaduriaid
96 Derbyn her y gawod
97 Agor dy lygaid
98 Creu 'tŵr o newid'

99 Lledaenu llawenydd
100 Dy dro di!

71 Dymuno'r gorau
72 Parchu'r rheolau
73 Canolbwyntio
74 Bod yn garedig
75 Ffurfio 'llyfrgell o bethau'
76 Chwilio am garedigrwydd
77 Awyr iach!
78 Rhoi trît bach
79 Tyfu llysiau
80 Newyddion da

BETH WNEST TI HEDDIW?

Uwch olygydd Helen Murray
Golygydd celf y prosiect Sam Bartlett
Dylunydd James McKeag
Golygydd cynhyrchu Siu Yin Chan
Uwch rheolwr cynhyrchu Lloyd Robertson
Rheolwr-olygydd Paula Regan
Rheolwr-olygydd celf Jo Connor
Cyhoeddwr Julie Ferris
Cyfarwyddwr celf Lisa Lanzarini
Cyfarwyddwr cyhoeddi Mark Searle

Ffotograffiaeth Gary Ombler

Addasiad Cymraeg gan Catrin Wyn Lewis
Golygydd yr addasiad Anwen Pierce
Dylunydd yr addasiad Richard Huw Pritchard

Adeiladwyd y modelau LEGO ysbrydoledig gan:
Sebastiaan Arts, Stephen Berry, Jason Briscoe,
Stuart Crawshaw, Emily Corl, Yvonne Doyle,
Naomi Farr, Alice Finch, Rod Gillies,
Tim Goddard, Kevin Hall, Deborah Higdon,
Tim Johnson, Tori Kosara, Barney Main,
Drew Maughan, James McKeag, Pete Reid,
Duncan Titmarsh, ac Andrew Walker.

Hoffai Dorling Kindersley ddiolch i Randi K. Sørensen,
Heidi K. Jensen, Robin James Pearson, Paul Hansford,
Martin Leighton Lindhardt, Kristofer Alan Crockett,
Mathew Steven Boyle, Mette Buchbjerg, Ryan Greenwood,
Mari-Louise Jonsson, Monika Lütke-Daldrup, ac Andrea Du Rietz
yn y LEGO Group; Julia March a Rosie Peet am y testun
ychwanegol a chymorth golygyddol; Lauren Adams
am cymorth dylunio.

Cyhoeddwyd gan Rily Publications Cyf, Blwch Post 257,
Caerffili CF83 9FL

Addasiad Cymraeg gan Catrin Wyn Lewis

Gwneuthuriad Dorling Kindersley,
One Embassy Gardens, 8 Viaduct Gardens,
Llundain, SW11 7BW, DU
dan drwydded gan LEGO group.

Manufactured by Dorling Kindersley
One Embassy Gardens, 8 Viaduct Gardens,
London SW11 7BW under licence
from the LEGO Group.

Mae cofnod catalog CIP ar gyfer y llyfr hwn ar gael yn y
Llyfrgell Brydeinig.

ISBN: 978-1-84967-631-1

Argraffwyd yn China

Mae'r cyhoeddwr yn cydnabod cefnogaeth ariannol
Cyngor Llyfrau Cymru

www.rily.co.uk
www.LEGO.com